BEI GRIN MACHT SICH I
WISSEN BEZAHLT

- Wir veröffentlichen Ihre Hausarbeit,
  Bachelor- und Masterarbeit

- Ihr eigenes eBook und Buch -
  weltweit in allen wichtigen Shops

- Verdienen Sie an jedem Verkauf

Jetzt bei www.GRIN.com hochladen
und kostenlos publizieren

Sebastian Behrens, Sven Wollrabe

SchemaSQL - eine Erweiterung von SQL zur Verarbeitung von Informationen aus Multidatenbanksymenste

GRIN Verlag

Bibliografische Information der Deutschen Nationalbibliothek:

Die Deutsche Bibliothek verzeichnet diese Publikation in der Deutschen National-
bibliografie; detaillierte bibliografische Daten sind im Internet über http://dnb.d-
nb.de/ abrufbar.

Impressum:

Copyright © 2002 GRIN Verlag GmbH
Druck und Bindung: Books on Demand GmbH, Norderstedt Germany
ISBN: 978-3-638-69740-8

Dieses Buch bei GRIN:

http://www.grin.com/de/e-book/8088/schemasql-eine-erweiterung-von-sql-zur-
verarbeitung-von-informationen

GRIN - Your knowledge has value

Der GRIN Verlag publiziert seit 1998 wissenschaftliche Arbeiten von Studenten, Hochschullehrern und anderen Akademikern als eBook und gedrucktes Buch. Die Verlagswebsite www.grin.com ist die ideale Plattform zur Veröffentlichung von Hausarbeiten, Abschlussarbeiten, wissenschaftlichen Aufsätzen, Dissertationen und Fachbüchern.

Besuchen Sie uns im Internet:

http://www.grin.com/

http://www.facebook.com/grincom

http://www.twitter.com/grin_com

**Hausarbeit
im Rahmen des Wahlpflichtfachs
„Föderierte und Geografische Informationssysteme"**

Sommersemester 2002

**SchemaSQL –
eine Erweiterung von SQL zur Verarbeitung von
Informationen aus Multidatenbanksystemen**

Vorgelegt von: Sebastian Behrens
Sven Wollrabe

I Inhaltsverzeichnis

1. Einleitung

Die vorliegende Hausarbeit soll einen Einblick in die Multidatenbanksprache SchemaSQL geben. Dabei wird ein gewisses Vorwissen zu Datenbanksystemen, insbesondere zu föderierten Datenbanksystemen, sowie SQL-Kenntnisse vorausgesetzt. Zunächst wird ein Einblick in die Multidatenbank-Architektur gegeben und die Notwendigkeit von Multidatenbanksprachen herausgestellt. Da es neben SchemaSQL auch noch MSQL, eine etwas ältere Form von Multidatenbanksprachen gibt, wird auch diese kurz beschrieben. Der Hauptteil dieser Arbeit setzt sich dann mit SchemaSQL auseinander, einer Erweiterung von SQL zur Verarbeitung von Informationen aus Multidatenbanksystemen. SchemaSQL wurde 1996 durch den indischen Wissenschaftler Laks Lakshmanan entwickelt. Im letzten Gliederungspunkt wird auch auf die SchemaSQL – Implementierungs – Architektur und den zugrunde liegenden Algorithmus, ebenfalls von Lakshmanan entwickelt, eingegangen.

2. Multidatenbank-Architektur

Unter einem Multidatenbanksystem versteht man den Verbund eines oder mehrerer DBS. Dabei unterscheidet man föderierte und nicht föderierte DBS. Eine von mehreren Architekturformen föderierter DBS ist die Multidatenbank-Architektur nach Litwin (siehe Abb.1).

Die Hauptidee hinter der Multidatenbank-Architektur steckt darin, dass ein Benutzer auf eine Föderation zugreifen kann, ohne dass ein globales Schema existiert. Er muss also direkt, mittels einer speziellen Multidatenbanksprache auf verschiedene Komponenten zugreifen können. Allerdings muss der Benutzer sich auch um die Integration der Komponentendatenbanksysteme und die Auflösung der Konflikte (semantische Heterogenität) kümmern. Diese Architektur ist in Abb. 1 skizziert. [LR99]

Multidatenbank-Architektur (Litwin 1988)

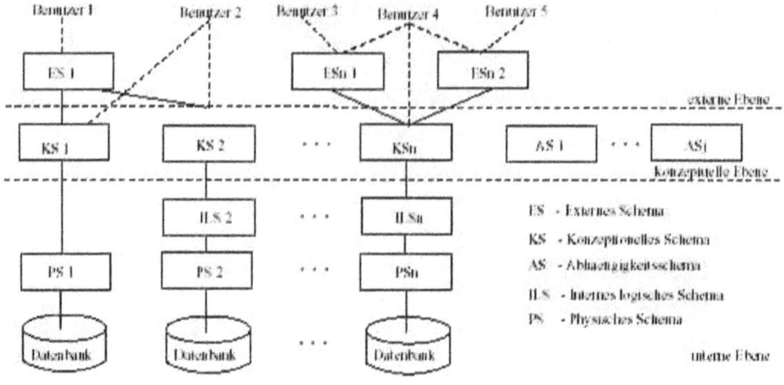

Abb. 1 : Multidatenbank-Architektur nach Litwin [LR99]

Auch bei der Multidatenbank-Architektur existieren mehrere Schemata, auf die wir im Folgenden näher eingehen werden:

- Physisches Schema – Jede an der Multidatenbank beteiligte lokale Datenbank hat ein physisches Schema, das die interne (physische) Struktur der von dem Komponentensystem verwalteten Daten beschreibt. Dies entspricht dem internen Schema der ANSI/SPARC Architektur.

- Internes logisches Schema – entspricht dem konzeptionellen Schema der ANSI/SPARC Architektur

- Konzeptionelles Schema – beschreibt den Ausschnitt aus den Daten, der an die Föderation weitergegeben wird (wie das Export-Schema bei der Import/Export bzw. das externe Schema bei der ANSI/SPARC Architektur). Allerdings wird verlangt, dass das konzeptionelle Schema in der gesamten Multidatenbank dasselbe Datenmodell und dieselbe Anfragesprache verwendet. Entspricht das konzeptionelle Schema dem internen logischen Schema, werden also alle Daten an die Föderation weitergegeben, so entfällt das letztere. Ist dem nicht so, entspricht das konzeptionelle Schema dem externen Schema bei der ANSI/SPARC Architektur.

- Externes Schema – kann sich jeder Benutzer selbst zusammenstellen. Dabei integriert er mehrere konzeptionelle Schemata in ein externes Schema und greift anschließend auf dieses Schema wie auf eine zentralisierte Datenbank zu. Die externen Schemata dienen also nicht der Zugriffskontrolle, wie das bei der ANSI/SPARC Architektur der Fall ist. Außerdem kann der Benutzer direkt auf die konzeptionellen Schemata zugreifen (z.B. für eine einmalige Anfrage). In beiden Fällen muss er sich selbst um die Integration der Komponentendatenbanksysteme kümmern.

- Abhängigkeitsschema – beschreibt Interdatenbankabhängigkeiten, also Komponentenübergreifende Integritätsbedingungen, Sicherung der Konsistenz der redundanten Datenbestände etc. Ebenfalls können durch die Abhängigkeitsschemata neue Integritätsbedingungen eingeführt werden. Ihre Einhaltung soll dann durch das Multidatenbanksystem garantiert werden (obwohl unklar ist, wie die allgemeine Lösung aussieht).

Die gesamten Schemata können in drei Ebenen eingeordnet werden: die externe Ebene mit den externen Schemata der Benutzer, die konzeptionelle Multidatenbankebene, die aus den konzeptionellen und den Abhängigkeitsschemata besteht, und die interne Ebene, der die physischen und die internen logischen Schemata zugewiesen werden. Die Multidatenbanksprachen, die für Anfragen an ein solches System bereitgestellt werden müssen, werden im folgenden Abschnitt erläutert. [LR99]

3. Multidatenbanksprachen
3.1 Überblick

Die Aufgabe eines Datenbanksystems besteht unter anderem in der Gewährleistung der Lese/Schreib-Zugriffe der Benutzer. Ein föderiertes DB-System gewährleistet die Zugriffe auf seine Komponentendatenbanksysteme. Das Problem dabei ist, dass die herkömmlichen Datenanfragesprachen keine Konstrukte zur

Unterstützung dieser Zugriffe enthalten. Während bei einem föderierten DBS, mit einem föderierten bzw. globalen Schema, der Benutzer über die externen Schemata auf den Föderierungsdienst zugreift, und die Integration vor ihm verborgen bleibt, muss er sich bei einer Architektur, wie der Multidatenbank-Architektur, selbst darum kümmern. Folglich brauchen die auf dieser Architektur basierenden föderierten DBS eine spezielle Abfragesprache, die den Zugriff auf mehrere Komponentendatenbanksysteme bezeichnet. Vertreter dieser Sprachen sind MSQL und SchemaSQL. [LR99]

3.2 MSQL

Die Sprache MSQL ist für das Multidatenbanksystem MRDSM entwickelt worden. In diesem werden verschiedene relationale DBS lose gekoppelt. Da relationale DBS alle „SQL" sprechen, wird auf der Multidatenbankebene eine Sprache benötigt, die neben SQL noch bestimmte Funktionalitäten unterstützt, die für den Zugriff auf unterschiedlichen DBS erforderlich sind. Sie muss dem Benutzer ermöglichen, Mengen von Komponentendatenbanken zu definieren und diese in einer nicht prozeduralen Weise zu manipulieren. Ein Schritt in diese Richtung ist die Einführung von Datenbanknamen in Anfragen. Das wird durch SQL nicht unterstützt. Außerdem besitzt MSQL folgende, durch SQL nicht abgedeckte Features:

- Mehrere Komponentendatenbanken können zu einer explizit benannten Multidatenbank zusammengefasst werden, die dann der Wirkungsbereich der Multidatenbankanfragen ist
- Innerhalb der Multidatenbank können bestimmte Datendefinitionsfunktionen angewandt werden. Dadurch ist es möglich bestehende Relationen innerhalb der DB zu modifizieren oder neue Relationen zu bestellen.
- Durch die Definition von Einheiten und die Genauigkeit von Datenwerten für die Komponenten-DBS, kann eine automatische Konvertierung der heterogenen Werte erreicht werden.
- Es sind die so genannten multiplen Anfragen möglich. Diese Anfragen werden auf einer Menge von Relationen ausgeführt, und

zwar so, dass der enthaltene SQL-Teil auf jeder Relation der Menge ausgeführt wird. Dabei müssen die einzelnen Relationen nicht einmal komplett übereinstimmen. Eine Übereinstimmung in dem von der Anfrage betroffenen Teil der Relation ist ausreichend.

- Die zusätzlichen eingebauten Funktionen erleichtern die Arbeit mit einer Multidatenbank, z.B. kann man mit Hilfe dieser Funktionen die Daten als Meta Daten (also Schema) ansprechen.
- MSQL bietet besondere Views auch Multidatenbanksichtdefinition genannt. Dies sind Relationen, die von mehreren Datenbanken abgeleitet werden und zu einer Datenbank gehören.
- MSQL bietet spezielle Konstrukte zur Spezifikation und Überwachung globaler Integritätsbedingungen.

Laut Litwin sind das die Mindestanforderungen an eine Multidatenbanksprache, wobei zu beachten ist, das Litwin auch der Erfinder von MSQL ist. Eine zweite Sprache, welche eine sehr neue und moderne Entwicklung darstellt, ist das SchemaSQL, das Hauptthema dieser Arbeit, welches im folgenden Kapitel ausführlich erläutert wird.

Rückblickend auf die beiden Sprachen bleibt zu betonen, dass ein direkter Vergleich der beiden Sprachen nicht unbedingt fair wäre, da das SchemaSQL ein Jahrzehnt jünger als das MSQL ist, und vielmehr als Nachfolger von MSQL anzusehen ist, der sehr von der Kritik an MSQL profitiert hat. Beide Sprachen basieren auf SQL und sind abwärtskompatibel, wobei das SchemaSQL eindeutig mächtiger als SQL ist. Die breite Akzeptanz von SQL auf dem Gebiet der Datenbanksysteme hat dazu geführt, dass heute die meisten Multidatenbanksprachen von SQL abstammen. [LR99]

4. SchemaSQL

4.1 Allgemeine Einführung

Aus den im vorherigen Kapitel (3.1) geschilderten Problemen, resultierten Bemühungen eine Anfragesprache zu entwickeln, die in der Lage ist Anfragen zu formulieren, die auf Daten in verschiedenen Datenbanken, mit verschiedenen Relationenschemata, etc. zugreift, und die entsprechenden Anfrageergebnisse zurückliefert. Die bisherigen Versionen von SQL schienen dafür denkbar ungeeignet, da Konstrukte fehlten, die den Zugriff auf in einem föderierten Datenbanksystem enthaltene, Komponentendatenbanksysteme, gewährleisten konnten. Verschiedene Bemühungen führten 1996 zur Entwicklung von SchemaSQL, durch Laks Laksmanan einem Wissenschaftler der Universität von Bombay/Indien. Mit SchemaSQL ist es möglich Daten aus verschiedenen Datenbanken einer Föderation anzufragen, die zwar semantisch identisch, syntaktisch aber unterschiedlich aufgebaut sind. Die wichtigsten Anforderungen die an eine Multidatenbanksprache gestellt werden erfüllt SchemaSQL. Eine solche Sprache muss in der Lage sein, unabhängig vom Schema nach dem die Datenbank strukturiert ist, Anfragen auf dieser auszuführen. Das heißt Anfragen wie „Finde alle Namen", müssen auch abfragbar bleiben, wenn sich die Struktur der zugrunde liegenden Datenbank bzw. Relation ändert. Des Weiteren muss die Sprache die vollen Möglichkeiten zur Datenmanipulation und – definition, wie sie auch Standard-SQL anbietet, bereitstellen. Schlussendlich müssen Anfragen effizient und effektiv formulierbar und ausführbar sein. [LL96]

4.2 SchemaSQL – Eine Erweiterung zum SQL-Standard

SchemaSQL wird grundsätzlich als Erweiterung zu SQL angesehen. Es bietet einige Gemeinsamkeiten, sowie einige Unterschiede auf die wir nun im Detail etwas genauer eingehen werden. Um die Erklärungen etwas zu veranschaulichen, möchten wir alle praktischen Übungen in dieser Arbeit an einem ausgewählten Beispiel demonstrieren. Das Beispiel besteht aus vier Datenbank, in denen jeweils die Preise für Benzin und Diesel der Tankstellenketten Aral und Shell, in den Städten Hamburg, Berlin, München und Dortmund hinterlegt sind. Die Datenbanknamen sind gleich der Städtenamen der Daten die in ihnen gespeichert sind. (siehe Abb. 2)

Berlin

PreisInfo

Kategorie	Name	Preis
Diesel	Aral	0,78 €
Benzin	Aral	0,99 €
Diesel	Shell	0,79 €
Benzin	Shell	1,01 €

Hamburg

Aral

Kategorie	Preis
Diesel	0,81 €
Benzin	1,03 €

Shell

Kategoerie	Preis
Diesel	0,80 €
Benzin	1,02 €

München

PreisInfo

Kategorie	Aral	Shell
Diesel	0,83 €	0,85 €
Benzin	1,05 €	1,08 €

Dortmund

PreisInfo

Name	Diesel	Benzin
Aral	0,79 €	1,00 €
Shell	0,77 €	0,98 €

Abb. 2: Aufbau verschiedener Datenbanken einer Föderation (alle folgenden Beispiele beziehen sich darauf)

Wie unschwer zu erkennen ist, sind in allen Datenbanken identische Informationen hinterlegt, jede Datenbank ist aber unterschiedlich aufgebaut.

Allgemein lässt sich sagen, dass SchemaSQL Standard SQL erweitert. Es bietet somit alle Funktionalitäten, die auch im „einfachen" SQL vorhanden sind. Alle Anfragen welche in einem SQL Standard formuliert sind, lassen sich so auch in SchemaSQL umformen.

Wo setzen nun aber die Erweiterungen von SchemaSQL an? In Standard SQL lassen sich in einer Anfrage Variablen deklarieren. Die Deklaration erfolgt im *„From* - Block" der Anweisung, und erzeugt eine Variable die als Wertebereich alle Tupel der zugrunde liegenden Relation enthält. Deshalb werden diese Variablen auch als Tupel-Variablen bezeichnet. Auf Basis der Datenbank „Berlin", würde eine Anfrage die alle Preise aus der Relation „PreisInfo" extrahieren soll, die niedriger als 1 Euro sind, folgendermaßen aufgebaut sein:

> **Select** *R.Preis*
>
> **From** *PreisInfo R*
>
> **Where** *R.Preis < 1 Euro*

R wäre in diesem Fall die Tupelvariable. Diese Schreibweise, ist besonders bei komplexeren Abfragen, mit mehreren zugrundeliegenden Relationen, sowie mehreren Kriterien im „*where* - Block" sinnvoll, weil dadurch jeder Relationenname durch die Variable ersetzt werden kann. Die Zeichenfolge wird dadurch kürzer und somit übersichtlicher.

Bei SchemaSQL erfolgt die Deklaration der Variablen ebenfalls im „*From* - Block" der Anweisung. Jedoch sind neben den Tupelvariablen weitere Typen möglich, die es erlauben neben den eigentlichen Daten einer Relation auch auf deren Metadaten zuzugreifen. Auf den genauen Aufbau von SchemaSQL Befehlen werden wir in den folgenden Kapiteln noch näher eingehen.

Eine weitere Erweiterung von SQL ist in den Aggregationsabfragen zu finden. Aggregationsabfragen sind Abfragen, die ein Ergebnis aus einer Menge zugrundeliegender Tupel einer Relation errechnen. In SQL sind dabei nur vertikale Aggregationen erlaubt. An obigem Beispiel wäre es also möglich den Durchschnittpreis zu errechnen. In SchemaSQL sind neben den vertikalen auch horizontale Aggregationen zulässig. SchemaSQL baut auf der Syntax und Semantik von SQL auf, so dass es für einen Entwickler der mit SQL vertraut ist, relativ einfach ist SchemaSQL zu erlernen und einzusetzen. [LL96]

4.3 Aufbau von SchemaSQL-Anweisungen

In diesem Kapitel möchten wir uns mit dem grundsätzlichen Aufbau einer SchemaSQL-Anweisung befassen. Sie besteht genau wie eine SQL-Anweisung aus den drei Blöcken **select**, **from** und **where**. Das entscheidene in SchemaSQL ist die Deklaration von Variablen im „*from*-Block", und deren Nutzung im „*where* - Block" der Anweisung. Dabei werden verschiedene syntaktische Ausdrücke benutzt, auf die wir nun kurz eingehen möchten.

Jedem dieser Ausdrücke liegt ein bestimmter Wertebereich zugrunde, den wir anhand des Beispiels aus Abb. 1 mit bestimmen werden.

$\mathscr{E}\mathscr{E}?$	bezeichnet die Menge der Datenbanknamen der Föderation. Am Beispiel: Berlin, Hamburg, München, Dortmund
$\mathscr{E}\mathscr{E}dB?$	bezeichnet die Menge der Relationsnamen der Datenbank dB. Am Beispiel: Berlin ? (ergibt: PreisInfo) Hamburg ? (ergibt: Aral, Shell)
$\mathscr{E}\mathscr{E}dB :: rel$	bezeichnet die Menge der Tupel der Relation rel, der Datenbank dB (Dies sind die eigentlichen Daten). Am Beispiel: Berlin :: PreisInfo (ergibt: Diesel, Aral, 0,78; Benzin, Aral, 0,99; etc.)
$\mathscr{E}\mathscr{E}dB :: rel?$	bezeichnet die Menge der Attributnamen der Relation rel in der Datenbank dB. (Dies sind die Metadaten) Am Beispiel: Berlin :: PreisInfo ? (ergibt: Kategorie, Name, Preis)
$\mathscr{E}\mathscr{E}dB :: rel.attr$	bezeichnet die Menge der Werte in der Spalte von attr, der Relation rel in der Datenbank dB. Am Beispiel: Berlin :: PreisInfo.Preis (ergibt: 0,78 €; 0,99 €; etc.)

Eine Variable die mit den oben genannten Wertebereichen definiert wird heißt Datenbank-, Relationsnamen-, Tupel-, Attributnamen- oder Wertebereichvariable.

Um diese Ausdrücke etwas zu veranschaulichen, hier noch ein kleines Beispiel für den Aufbau eines *„from* - Blocks" mit der Deklaration von zwei Variablen.

From Berlin? B, Berlin :: B T

In dieser Anweisung werden die Variablen B und T deklariert. B hat dabei als Wertebereich alle Relationen der Datenbank Berlin (also an obigem Beispiel die Relation „PreisInfo"). Der Variablen T liegt der Wertebereich aller Tupel, aller Relationen der Datenbank Berlin zugrunde (Diesel, Aral, 0,78; Benzin, Aral, 0,99; etc.). Mit den Beispielen in den folgenden Abschnitten, werden der Einsatz sowie die Möglichkeiten von SchemaSQL noch deutlicher demonstriert.

Das *Select – From – Where* – Konstrukt in SchemaSQL

In diesem Abschnitt möchten wir einige der wichtigsten Funktionen die SchemaSQL bietet darstellen, und anhand praktischer Beispiele erläutern. Möchte man in einem Multidatenbanksystem Anfragen erstellen, die Informationen aus mehreren, womöglich unterschiedlich aufgebauten, Datenbanken extrahieren soll, stößt man mit Standard SQL schnell an seine Grenzen. In unserem Beispiel suchen wir die Tankstellenunternehmen in Berlin, bei denen der Preis für Benzin niedriger ist, als der an den entsprechenden Tankstellen in München. Aufgrund des unterschiedlichen Aufbaus der beiden Datenbanken müssen wir dazu in unserem SchemaSQL Ausdruck auf Informationen zugreifen, die in der einen Datenbank als Daten, in der anderen Datenbank als Metadaten vorliegen. Dies wäre mit Standard SQL gar nicht möglich. Der komplette Ausdruck in SchemaSQL würde folgendermaßen aussehen.

Select	B.Name
From	Berlin :: PreisInfo B, München :: PreisInfo M,
	München :: PreisInfo? AttM
Where	AttM <> „Kategorie" and

B.Name = AttM and

B.Kategorie = "Benzin" and

M.Kategorie = "Benzin" and

B.Preis < M.AttM

Im „**select** - Block" wird zunächst angegeben, welches Attribut aus welcher Datenbank und welcher Relation ausgegeben werden soll. Dazu wird die Variable B verwandt, die im Anschließenden „**from** - Block" deklariert wird. Die Variable B bekommt dabei die Menge der Tupel der Datenbank Berlin in der Relation PreisInfo als Wertebereich zugewiesen. Analog für die Variable M. Die Variable AttM wird als Attributnamenvariable deklariert, welcher als Wertebereich die Menge der Attributnamen der Relation PreisInfo in der Datenbank München zugrunde liegt.

Im „**Where** - Block" wird nun unter Verwendung der Variablen die Ergebnismenge genauer spezifiziert. In der ersten Zeile wird dabei die Spalte Kategorie der Relation PreisInfo der Datenbank München aus der Ergebnismenge ausgeschlossen, da wir ja nur die Preise vergleichen möchten. In der zweiten Zeile des „**Where** - Blocks" werden diejenigen Datensätze selektiert, bei denen der Wert des Attributs Name in der Datenbank Berlin, mit einem beliebigen Attributnamen aus der PreisInfo-Relation der Datenbank München übereinstimmen. Die folgenden beiden Zeilen sorgen dafür, das ausschließlich die Datensätze bei denen die Kategorie Benzin ist mit in die Überprüfung einbezogen werden. In der letzten Zeile wird nun noch das geforderte Kriterium geprüft, sodass als Anfrageergebnis wie gefordert die Tankstellennamen ausgewiesen werden, bei denen der Preis für Benzin in Berlin niedriger ist als in Hamburg. In diesem Falle ist das Ergebnis also Aral und Shell.

Wie wir in den vorherigen Kapiteln bereits erwähnten, ist es mit SchemaSQL möglich neben vertikalen, auch horizontale Aggregatsfunktionen zu formulieren. Möchte man zum Beispiel den durchschnittlichen Preis von Benzin bzw. Diesel aller Tankstellenunternehmen in München ermitteln, so ist die **Avg** - Funktion in Verbindung mit SQL dafür nicht zu gebrauchen, da wir den Durchschnitt nicht Spalten, sondern tupelweise berechnen müssen. Der entsprechende Ausdruck in SchemaSQL würde dann folgendermaßen aufgebaut sein.

> **Select**   *T.Kategorie, avg(T.M)*
> **From**   *München :: PreisInfo? M,*
>   *München :: PreisInfo T*
> **Where**   *M <> „Kategorie"*
> **Group by**   *T.Kategorie*

Auch hier werden im „**Select** - Block" zwei Spalten ausgewählt, die als Ergebnis angezeigt werden. Zum einen soll jeder Wert Der Spalte Kategorie, zum anderen der zugehörige Durchschnittspreis ausgegeben werden. Dazu werden im „**From** - Block" wieder zwei Variablen deklariert, die zum einen alle Attributnamen (M), zum anderen alle Tupel (T) als Wertebereich zugrunde liegen haben. Durch den „**Where** - Block" werden die Werte der Spalte Kategorie aus dem Anfrageergebnis entfernt. Der **Group** - Befehl sorgt dafür, das jede Kategorie nur einmalig mit ihrem Durchschnittspreis ausgegeben wird. Dieser wird mit dem Ausdruck **avg**(T.M) berechnet. Diese Funktion errechnet für jedes Tupel aus der zugrundeliegenden Relation den Durchschnittspreis über alle Attributwerte.

Analog dazu würde dies mit dem Ausdruck

> **Select**   *T.Kategorie, avg(T.Preis)*
> **From**   *Hamburg? H, Hamburg :: H T*
> **Group by**   *T.Kategorie*

für die Datenbank Hamburg erfolgen.

4.4 Sichten in SchemaSQL

Neben den Anfragen, ist es in SchemaSQL ebenfalls möglich Sichten zu definieren, auf denen dann im Weiteren operiert werden kann. An der Aufgabe der Sichten ändert sich dabei im Vergleich zu Standard SQL nichts. Sie sind dafür da, die logische Datenunabhängigkeit einer Datenbank zu gewährleisten, einen gewissen Zugriffsschutz zu bieten, sowie unter bestimmten Umständen die Haltung redundanter Daten zu verringern oder gar zu vermeiden.

In einem föderierten Datenbanksystem, mit unterschiedlich aufgebauten Datenbanken, wäre es möglich, Sichten zu definieren mit denen die Relationen der einen Datenbank virtuell in das Schema einer anderen Datenbank überführt wird. Dies hat den Vorteil, das auf der Sicht nun mit Standard SQL weitergearbeitet werden kann, da jede Sicht, also jede virtuelle Relation, nach außen hin nicht als eine solche sichtbar wird, sondern diese den Anschein erwecken selber tatsächliche Relationen zu sein.

Stellen wir uns also vor, wir möchten für die Relation PreisInfo der Datenbank München eine Sicht erstellen, die nach dem gleichen Schema aufgebaut ist, wie auch die Relation PreisInfo der Datenbank Berlin, so könnte dies mit folgendem SchemaSQL Befehl realisiert werden.

Create   *viewMtoB :: PreisInfo (Kategorie, Name, Preis)*
              as
Select   *T.Kategorie, M, T.M*
From   *München :: PreisInfo? M,*
              München :: PreisInfo T

Where   *M <> „Kategorie"*

Auch hier ähnelt der grundsätzliche Aufbau wieder stark dem Aufbau einer Standard SQL Anweisung. Nach dem **Create** View Befehl wird der Name der View (MtoB) sowie die Attributnamen die in der virtuellen Relation enthalten sein sollen festgelegt. Im Folgenden werden wieder eine Tupelvariable und eine Attributnamenvariable deklariert mit denen im *„select* - Block" die entsprechenden Werte selektiert werden. Der *„where*-Block" sorgt dafür, dass der Kategorienname nicht mit in die Ergebnismenge übernommen wird.[LL96]

5 Implementation Architecture von Lakshmanan

5.1 Lakshmanan Architektur

In diesem Kapitel wird die Architektur eines Systems zur Implementierung einer Multidatenbank beschrieben, dessen Abfragen und Umstrukturierungen auf SchemaSQL basieren. Highlight der Architektur ist, das sie auf unkomplizierte Art auf einer vorhandenen Architektur aufbaut und minimalen Platz benötigt. Dieses macht es möglich, ein SchemaSQL System auf bereits vorhandenen SQL Systemen aufzubauen. Auch gibt sie Gelegenheit zur Abfrage-Optimierung. [LL96]

Die Architektur, Lakshmanan - Architektur genannt, besteht aus einem SchemaSQL Server, der mit den lokalen Datenbanken in der Föderation kommuniziert. Wir nehmen an, dass die Metainformationen, welche Komponenten-Datenbanknamen, die Namen der Relationen jeder Datenbank, die Namen der Attribute in jeder Relation und vielleicht andere nützliche Informationen enthalten (z.B. statistische Informationen über die Komponenten-Datenbanken für die Abfrageoptimierung), im SchemaSQL Server in Form einer Relation gespeichert werden, die Federation System Table (FST) genannt wird.[LL96]

Wegen des unterschiedlichen Grades der autonomen Komponentendatenbanken in einem Multidatenbanksystem, sind einige oder alle dieser Informationen möglicherweise nicht vorhanden. Lakshmanan beschreibt daher eine flexible Architektur, die so viel von den vorhandenen Informationen nutzt, wie möglich. Er nimmt an, dass die Komponentendatenbanknamen sowie ihre Schemainformationen im SchemaSQL Server vorhanden sind.[LL96]

Laut der Architektur werden globale SchemaSQL Anfragen an den SchemaSQL Server geschickt, der eine Reihe lokaler SQL Abfragen bestimmt und sie an die lokalen Datenbanken weitergibt. Der SchemaSQL Server sammelt dann die Antworten der lokalen Datenbanken und führt dann mit seiner eigenen SQL Maschine eine abschließende Reihe SQL Abfragen durch, um die Antwort der globalen Abfrage zu erstellen. In den unterschiedlichen Stadien und Stufen der Abstraktion sind viele Abfrage-

Optimierungen möglich und sollten effizient genutzt werden. Abbildung 3 stellt die Architektur bildlich dar. [LL96]

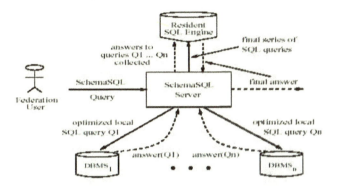

Abb. 3: SchemaSQL – Implementation Architecture by Lakshmanan [LL96]

Nachfolgend soll dieser Lakshmanan-Algorithmus zur Anfrageberechnung etwas detaillierter betrachtet werden.

5.2 Lakshmanan Algorithmus

Zunächst sollen noch einmal die Begriffe FST und VIT erläutert werden:

Federation System Table (FST): Meta-Information über die Komponentendatenbanken, wie Namen der Datenbanken, Relationen, Attribute, oder für Anfrageoptimierung nützliche statistische Information (analog Data Dictionary)

Variable Instantiation Tables (VIT): enthalten die während der Ausführung einer Anfrage möglichen Variablenbindungen (auf Metaebene)

Schritte:
Zunächst erfolgt als INPUT eine SchemaSQL-Anfrage an den SchemaSQL Server.

OUTPUT sind dann die Bindungen der Variablen der *select* - Klausel der Anfrage.

Die Auswertung erfolgt dann in zwei Hauptphasen.

Erste Phase: Erzeugen der VITs entsprechend den Variablen in der *from* – Klausel. Dazu werden SQL-Anfragen an lokale Datenbanken sowie die FST gestellt.

Zweite Phase: die ursprüngliche SchemaSQL Abfrage an die Föderation wird in eine äquivalente SQL Anfrage an die VIT`s umgewandelt und an den SQL Server geschickt. Die daraufhin generierte Antwort wird dem Benutzer angepasst dargestellt.

Nachfolgend wird angenommen, dass die FST folgendes FST-Schema hat (db-name, rel-name, attr-name). Auch sehen wir db-name, rel-name und attr-name - Variablen zusammen als Metavariablen an.[LL96]

Beispiel

In diesem Beispiel, veranschaulichen wir den Algorithmus mit einer Abfrage-Variante aus unserem alten Beispiel.

Auflistung der Tankstellenbetreiber in Hamburg, die, verglichen mit Dortmund, höhere Benzinpreise haben,. Liste ebenfalls den (höheren) Preis auf.'

Select	RelH, H.Preis
From	Hamburg ? RelH, Hamburg::RelH H,
	Dortmund::Preisinfo D
Where	RelH = D.Name **and**
	H.Kategorie = „Benzin" **and**
	H.Preis > D.Benzin

Phase I

VIT$_1$ wird übereinstimmend mit der Variablen-Deklaration Hamburg? RelH erstellt:

Select	rel-name **as** RelH
From	FST

Where   db-name = 'Hamburg'

Abb.4 zeigt VIT₁. Um das SQL-Statement zu generieren, das VIT₂ erstellt, müssen die folgenden SQL-Abfragen an die FST geschickt werden:

Select	attr-name	**Select**	attr-name
From	FST	**From**	FST
Where	db-name = ‚Hamburg'	**Where**	db-name= 'Hamburg'
	and		**and**
	rel-name = 'Aral'		rel-name = ‚Shell'

Die Antwort der beiden Anfragen soll sein {Kategorie, Preis}. VIT₂ die mit Hamburg::RelH H korrespondiert wird, erhält man dann durch Anfrage an die Datenbank Hamburg mit:

Select,	Aral' **AS** RelH, Aral.Preis **AS** H.Preis
From	Aral
Where	Aral.Kategorie = `Benzin'
	UNION
Select,	Shell' **AS** Rel.H,
	Shell.Preis **AS** H.Preis
From	Shell
Where	Shell.Kategorie = ‚Benzin'

Um VIT₃ zu erhalten, in Übereinstimmung mit Dortmund::PreisInfo D, fragt man zuerst die FST an, um die Attribute in Relation PreisInfo der Datenbank Dortmund zu erhalten:

Select	attr-name
From	FST
Where	db-name = ‚Dortmund' AND rel-name = ‚PreisInfo'

Die Antwort auf diese Anfrage ist {Name, Diesel, Benzin}. VIT₃ (siehe Abb.4) erhielt man dann durch Abfrage der Datenbank Dortmund.

Select   Name AS D.Name,

                Benzin AS D.Benzin

From   PreisInfo

VIT₁

RelH
Aral
Shell

VIT₂

RelH	H.Preis
Aral	1,03 €
Shell	1,02 €

VIT₃

D.Name	D.Benzin
Aral	1,00 €
Shell	0,98 €

Abb. 4: Beispiel - Anfrage Prozess

Phase II

Wenn man alle VIT's entsprechend den Variablen-Deklarationen erhalten hat, besteht Phase II jetzt aus dem Neuschreiben der SchemaSQL Anweisung in die folgende SQL Anweisung, um die abschließende Antwort zu erhalten:

Select   RelH, H.Preis

From   VIT₂, VIT₃

Where   RelH = D.Name AND H.Preis > D.Benzin

Ausgabe letztendlich:

Aral   1,03 €

Shell   1,02 €

5.3 Abfrage-Optimierung

Hier sind einige Möglichkeiten zur Abfrageoptimierung, die für die MDBS Umgebung typisch sind und wie sie im „Lakshmanan"-Algorithmus eingebunden sein können. [LL96]

?? Die Bedingungen der **where** - Anweisung der INPUT - SchemaSQL Abfrage sollten in die lokalen SQL Abfragen geschoben werden, damit sie so „knapp" wie möglich sind. Der „Laksman"-Algorithmus enthält diese Optimierung gewissermaßen.

?? Die Kenntnis der Variablen im *select* und im *where* - Block kann dazu benutzt werden, die Größe der VITs, die in Phase I generiert werden, zu minimieren. Zum Beispiel wenn bestimmte Attribute nicht für die Verarbeitung in Phase II benötigt werden, können sie während der Generierung der lokalen SQL Abfragen „fallengelassen" werden.

?? Wenn mehr als eine Tupel-Variable die gleiche Datenbank anspricht und ihre relevanten *where* - Bedingungen nicht Daten von einer anderen Datenbank einbeziehen, sollten die SQL Anweisungen, die dieser Variablen-Deklaration entsprechen, zu einer kombiniert werden. Man würde dadurch die Zahl der lokalen SQL Abfragen verringern.

?? Einer der teuersten Faktoren bei der Abfrageauswertung in einer Multidatenbank ist der Verbindungsaufbau zu einer Datenbank. Daher sollte die Zahl der Verbindungen, die während der Abfrageauswertung zu einer Datenbank hergestellt werden müssen, minimiert werden. So müssen die erstellten SQL Anweisungen so an die Komponentendatenbanken weitergegeben werden, dass eine minimale Anzahl von Verbindungen entsteht.

?? Wenn Parallelität unterstützt wird, können SQL Abfragen an mehrere Datenbanken gleichzeitig geschickt werden.

5.4 Redundanz und Inkonsistenz

Redundanz und Inkonsistenz in Daten aus den lokalen Datenbanken sind in den Multidatenbanksystemen häufig der Fall. Die „view facility" von SchemaSQL und die „Lakshmanan-Architektur" stellen Möglichkeiten bereit, mit diesen Schwierigkeiten fertig zu werden. Kontrollierte (absichtliche) Redundanz kann durch die Federation System Table, FST gesteuert werden. Ein Exemplar der wiederholten Daten wird als das

Primärexemplar gekennzeichnet, und das FST verlegt alle Referenzen auf die wiederholten Daten auf das Primärexemplar. Die Wahl des Primärexemplars ist beeinflusst durch Faktoren wie z.B. Effizienz der Abfrageverarbeitung, der Netzwerk-Verbindung und anderen Dingen. In einem dynamischen Schema wird die FST bei Änderungen im Netz (z.B. Netztrennung) und in der Eingabe in die lokalen Systeme aktualisiert.

Die *view facility* von SchemaSQL kann benutzt werden, um Inkonsistenzen zu beheben, indem man nur die passenden Daten über die Sicht anzeigt. Dieses ist ähnlich, dem in den Multidatenbank-Systemen verwendeten (integriertem) globalen Schema. Die „Laksman-Architektur" ist flexibler und benötigt kein globales Schema, dennoch, kann *view facility* die Rolle nachahmen, die sonst das globale Schema zur Behebung von Dateninkonsistenz spielt. [LL96]

6. Schlusswort

Fazit dieser Abhandlung ist, das SchemaSQL im Multidatenbankbereich eine große Rolle spielt und auch weiterhin spielen wird, da komplexe Abfragen in solchen immer häufiger auftretenden Systemen, sonst gar nicht möglich wären. Standard SQL ist dafür nicht mächtig genug.

In der vorliegenden Arbeit wurde versucht, einen Einblick in SchemaSQL zu geben. Es wurde Wert darauf gelegt, die Theorie, an möglichst vielen Beispielen praktikabel darzustellen. Die meisten Informationen entstammen der englischsprachigen Originalabhandlung von Laks Lakshmanan. Die Beispiele in der Hausarbeit sind selbst gewählt, lehnen aber an den von Lakshmanan veröffentlichen Beispielen an.

II Abkürzungsverzeichnis

DB   Datenbank
DBS Datenbanksystem
FST   Federation System Table
MDBS Multidatenbanksystem
SQL   Structured Query Language
VIT   Variable Instantiation Tables

III Literaturverzeichnis

[LL96] Lakshmanan, L.V.SD., Sadri, F. and Subramanian, I.N.,
SchemaSQL – A language for Interoperability in Relational
Multi-database Systems, Bombay (India) 1996

[LR99] Rosenberg, L. – Architektur föderierter Informationssysteme,
Berlin 1999

IV Abbildungsverzeichnis

www.ingramcontent.com/pod-product-compliance
Lightning Source LLC
LaVergne TN
LVHW042316060326
832902LV00009B/1525